AF382893

Analyse de l'œuvre

Par Morgane Fleurot

La disparition de Stephanie Mailer

de Joël Dicker

Rendez-vous sur lepetitlitteraire.fr et découvrez :

Plus de 1200 analyses
Claires et synthétiques
Téléchargeables en 30 secondes
À imprimer chez soi

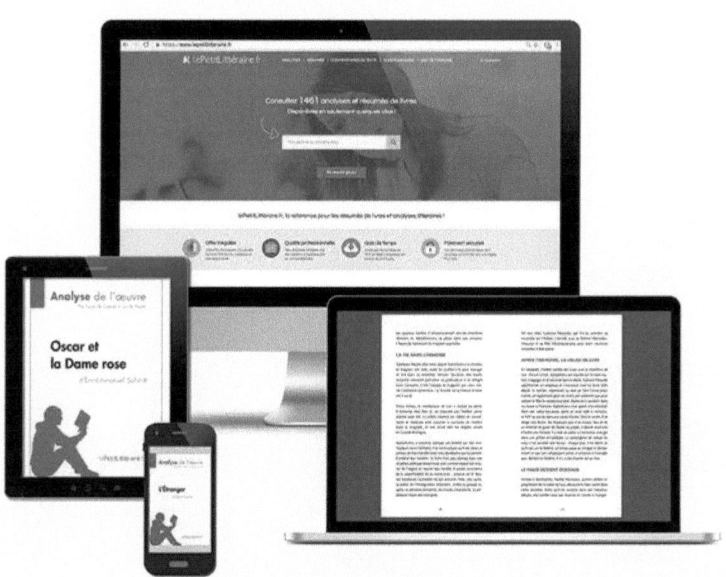

JOËL DICKER

ÉCRIVAIN SUISSE

- **Né en 1985 à Genève**
- **Quelques-unes de ses œuvres :**
  - *Les Derniers Jours de nos pères* (2010), roman
  - *La Vérité sur l'affaire Harry Quebert* (2012), roman
  - *Le Livre des Baltimore* (2015), roman

Joël Dicker est un jeune auteur en pleine ascension. Initialement diplômé de l'Université de Genève en droit et anciennement attaché parlementaire en Suisse, il se consacre aujourd'hui à sa passion : l'écriture. Il aurait en effet tort de ne pas y souscrire : son deuxième roman *La Vérité sur l'affaire Harry Quebert* (2012), prix Goncourt des lycéens, s'est vendu à 5 millions d'exemplaires et a été traduit dans 40 langues. Car après un premier roman historique (ses personnages sont des agents secrets du SOE), l'écrivain a voulu s'essayer, avec brio, à l'écriture d'un thriller à l'américaine.

Publié aux éditions De Fallois depuis son tout premier ouvrage (2010), Joël Dicker a rendu hommage à son éditeur (décédé en le 2 janvier 2018) dans ce dernier roman qu'est *La disparition de Stephanie Mailer.*

LA DISPARITION DE STEPHANIE MAILER

UN *COLD-CASE* GIGOGNE

- **Genre :** roman policier
- **Édition de référence** : *La disparition de Stephanie Mailer*, Paris, Éditions de Fallois, 2018, 640 p.
- **1ʳᵉ édition** : 2018
- **Thématiques** : thriller, disparition, meurtre, suspens, banlieue new-yorkaise, enquête, théâtre, roman gigogne

La disparition de Stephanie Mailer est un roman dense aux allures de thriller à l'américaine. Joël Dicker renoue avec ce qui avait fait le succès de son deuxième ouvrage, *La Vérité sur l'affaire Harry Quebert*, et ancre son action aux États-Unis, à quelques heures de New York dans les Hamptons. Mais cette fois-ci, ce n'est pas Nola Kellergan qui a disparu, mais Stephanie Mailer, une journaliste émérite qui enquêtait justement sur une affaire vieille de vingt ans mêlant festival de théâtre et quadruple meurtre. Si les critiques sont mitigées, Joël Dicker renouvelle néanmoins l'exploit d'un *page-turner* efficace.

RÉSUMÉ

1993-1994

Orphea, petite ville située dans les Hamptons à une centaine de kilomètres de New York, est sous la houlette de son maire, Joseph Gordon. En effet, celui-ci fait régner sa loi en prélevant des pots-de-vin aux habitants dès que ceux-ci requièrent l'aval de la mairie pour leurs activités. Selon ses habitudes, Gordon tente donc de corrompre Ted Tennenbaum, un jeune homme à la carrure imposante et à l'esprit bagarreur, mais ce dernier lui tient tête : il a pour projet de faire bâtir son restaurant, le Café Athena, et entend bien ne pas céder au chantage du maire.

Ce même Ted Tennenbaum a parallèlement des ennuis avec le caïd Jeremiah Fold, maquereau et dealer de son état, qu'il a sévèrement passé à tabac et humilié ; depuis, ce dernier le fait chanter en menaçant d'incendier son restaurant et sa maison. Jeremiah a pris l'habitude de recruter ses mules, appelées ses « larbins », au moyen d'une méthode originale quoique peu orthodoxe : prostituer la belle Mylla, une jeune fille mineure, et faire chanter ses clients. Mais le supplice de tous est abrégé quand Jeremiah meurt tragiquement dans un violent accident de la route en 1994.

Meghan Padalin est une jeune libraire habitant Orphea ; quand elle a vent des chantages exercés par la mairie, elle menace chaque soir Gordon oralement et le dénonce à l'adjoint au maire, Alan Brown, en passant un appel anonyme à ce dernier. Elle est par ailleurs engagée dans une histoire d'amour extraconjugale avec le critique Meta Ostrovski qui s'est follement épris d'elle.

30 JUILLET 1994

Durant la soirée d'ouverture du premier festival d'Orphea a lieu un quadruple meurtre par balles : celui de la famille Gordon (le maire, sa femme et leur fils) et de Meghan Padalin, a priori témoin gênant de la scène.

Ted Tennenbaum est rapidement suspecté par la police : sa camionnette a été aperçue devant la maison du maire au moment des meurtres, toute la ville est au courant de ses différends avec Gordon, et surtout la police sait de source sûre qu'il est détenteur d'un pistolet Berreta qui correspondrait à l'arme du crime.

L'inspecteur Jesse Rosenberg et le sergent Derek Scott sont chargés de cette enquête et réussissent à réunir des preuves conséquentes permettant l'arrestation de Tennenbaum. Ce dernier est alors pris en chasse et trouve la mort lors d'une course poursuite avec la police, course poursuite au cours de laquelle la fiancée de Jesse, Natasha, perd également la vie. Suite au décès du principal suspect, l'affaire est alors classée.

2013-2014

La policière Anna Kanner divorce et quitte New York pour venir s'installer en banlieue, dans la paisible ville d'Orphea. Elle est intégrée au commissariat en qualité d'adjointe au chef de la police, le maire Brown lui ayant promis la place du chef une fois ce dernier parti à la retraite.

En parallèle, à New York, la jeune Dakota Eden est impliquée dans une affaire de harcèlement moral ayant poussé au suicide Tara, l'une de ses camarades de classe. Dakota se serait vengé après que la jeune Tara a effacé de son ordinateur un précieux fichier : la pièce de théâtre qu'elle écrivait depuis une année entière.

De son côté, Steven Bergdorf, directeur de la Revue des lettres new-yorkaises, vit une histoire d'amour passionnée avec Alice Filmore, son employée. Celle-ci s'emploie inconsciemment à le ruiner peu à peu par ses exigences couteuses, tandis que Steven tente tant bien que mal de cacher cette liaison à sa femme.

ÉTÉ 2014 AVANT LA PREMIÈRE

Alors qu'il s'apprête à prendre sa retraite anticipée, Jesse Rosenberg est abordé par une jeune journaliste qui lui dit se nommer Stephanie Mailer et s'être replongée dans le dossier du quadruple meurtre de 1994. Elle lui révèle disposer de nouveaux éléments : selon elle, le coupable n'est pas Ted Tennenbaum. Suite à la mystérieuse disparition de Stephanie, Jesse décide de rouvrir l'enquête de 1994 et fait alors appel à Derek, son équipier de l'époque. Ils seront également secondés d'Anna, seule policière du commissariat d'Orphea que l'affaire intrigue. Lorsque le corps de la journaliste disparue est retrouvé noyé, les trois héros sont confortés dans leurs certitudes :

vingt ans plus tard, le meurtrier de 1994 sévit toujours et craint d'être découvert.

Alors qu'ils cherchent à mettre la main sur le rapport de police de l'époque, ils constatent que celui-ci a disparu : à la place qu'il devait occuper, un simple morceau de papier avec cette mention énigmatique « LA NUIT NOIRE ». Cette nuit noire fait référence à une pièce de théâtre écrite par Kirk Harvey, chef de la police d'Orphea au moment des évènements de 1994. Interrogé, celui-ci se révèle bien mystérieux et promet de révéler le nom du coupable si sa pièce est jouée lors du vingtième festival de théâtre, quelques jours plus tard. Le maire Brown accède à sa requête et Kirk auditionne ses acteurs : il choisit Jerry et Dakota Eden, le père et sa fille dépressive de passage à Orphea ; Steven Bergdorf (l'ancien directeur du journal local L'Orphea chronicle) et sa maîtresse Alice ; Gulliver l'actuel chef de la police ; Samuel Padalin, le veuf de Meghan ; et enfin Ostrovski, le célèbre critique. Il recrute également Charlotte Brown, la femme du maire, rapidement interrogée, car elle a été vue le soir du meurtre au volant de la camionnette de Tennenbaum par un nouveau témoin ; elle est ensuite innocentée, mais reste suspectée. Michael Bird, le rédacteur en chef de *L'Orphea chronicles*, est chargé de couvrir l'évènement de l'intérieur et assiste à toutes les répétitions, tenues secrètes. Lorsque Dakota se fait tirer dessus alors que son personnage s'apprête à divulguer le nom du coupable de 1994, tous les acteurs sont suspectés. Kirk Harvey révèle alors qu'il n'avait aucune idée du nom du coupable et espérait que ce dernier se manifeste durant la représentation.

ÉTÉ 2014 APRÈS LA PREMIÈRE

En analysant la position du corps de Meghan Padalin, Anna, Jesse et Derek découvrent qu'elle était en réalité la victime visée en 1994, et que le maire et sa famille n'ont été que les témoins malheureux de la scène. Ils récupèrent alors les journaux intimes de Meghan conservés par son mari ; la lecture de ceux-ci est l'occasion d'une importante avancée dans l'enquête : il n'y avait pas un, mais deux meurtriers, ayant procédé à un échange. Chacun avait pour mission d'accomplir le meurtre de l'autre pour brouiller les pistes des enquêteurs : le maire Gordon souhaitait assassiner Meghan Padalin qui menaçait ses activités corrompues et a donc laissé quelqu'un s'en charger pendant que lui-même s'occupait de faire disparaitre Jeremiah Fold. Il faut donc trouver qui souhaitait la mort de Jeremiah pour mettre la main sur l'assassin de Meghan, du maire, et de Stephanie Mailer.

Anna, parce qu'elle l'a reconnue sur une photographie, réussit à démasquer Mylla, l'ancienne prostituée de Jeremiah qui, suite à la mort de son bourreau, a repris sa véritable identité et est à présent mariée à Michael Bird. Michael, ancien « larbin » de Jeremiah, était fou amoureux de Mylla. Il a donc projeté d'assassiner leur tortionnaire et s'est allié à Ted Tennenbaum qui cherchait lui aussi à se débarrasser du maitre chanteur. C'est Ted qui a l'idée de l'échange avec le maire Gordon et qui met en place un ingénieux stratagème : il est le seul à savoir qui sont les deux meurtriers et leur confie le nom des victimes au moyen d'un message codé dans deux livres de la librairie. Comprenant qu'il est suspecté, Michael tente de se débarrasser d'Anna qui touche au but, mais elle est sauvée *in extremis* par Jesse et Derek. Le coupable finit par avouer les meurtres de 1994 et 2014.

ÉTUDE DES PERSONNAGES

L'ÉQUIPE POLICIÈRE

Jesse Rosenberg

Héros principal de l'histoire, Jesse est capitaine de la police d'État de New York et s'apprête à prendre sa retraite au commencement du roman, alors qu'il n'est âgé que de 45 ans. Brillant de l'aveu de ses collègues, il est aussi bel homme. Malgré ses indéniables atouts, Jesse est hanté par la mort de sa fiancée Natasha, décès qui semble lié à l'affaire de 1994. C'est certainement cette raison qui le pousse à rouvrir vingt ans plus tard ce dossier pourtant résolu.

Derek Scott

Derek Scott est l'ancien coéquipier de Jesse sur le terrain. Il s'est retiré après l'affaire de 1994 et travaille toujours pour la police d'État, mais au service administratif où il s'ennuie fermement.

Marié à Darla et père de famille, il n'hésite pourtant pas à rouvrir le dossier de l'enquête de 1994, au risque de perturber son équilibre familial.

Anna Kanner

Après son divorce, Anna est venue s'installer à Orphea où elle occupe les fonctions de deuxième chef adjoint de la police d'Orphea. Précédemment négociatrice pour la police d'État de New York, elle abandonne ses fonctions après avoir malencontreusement tué un otage. Elle est la seule femme du commissariat d'Orphea et, de ce fait, se voit d'abord admirée puis rejetée par ses collègues. Visiblement très attirante, il est spécifié à plusieurs reprises qu'Anna capte les regards sur son passage de façon magnétique. Immédiatement alertée par La disparition de Stephanie Mailer, elle viendra compléter l'équipe formée par Jesse et Derek pour enquêter sur le dossier de 1994. Une aide qui se révèlera précieuse : consciencieuse, la jeune femme aime surprendre par son efficacité.

Ron Gulliver

Gulliver est le chef de la police d'Orphea et le supérieur d'Anna. Il présente une corpulence importante à laquelle participe une alimentation déséquilibrée. D'un naturel vulgaire et peu avenant, il est peu enclin à participer à l'enquête. Du reste, il n'est intéressé que par sa propre personne puisqu'il donne sa démission (p. 429) en cours d'enquête pour pouvoir participer à la pièce de Kirk Harvey dans le cadre du festival de théâtre.

Jasper Montagne

Jasper Montagne occupe, au même titre qu'Anna, les fonctions de chef adjoint de la police d'Orphea ; c'est pourquoi il craint que sa collègue ne le devance quand devra être désigné le nouveau chef du commissariat. Son physique d'armoire à glace (en adéquation avec son patronyme) n'a d'égal que sa mauvaise foi : en cela, il ressemble au chef Gulliver dont il semble le « digne » successeur.

Major McKenna

Le Major est le chef direct de Jesse et Derek au sein de la police d'État. Son tempérament impulsif laisse entrevoir sa carrière militaire. Bien que sévère et intransigeant, il semble prendre

l'équipe en affection et lui accorde régulière-
ment des délais supplémentaires pour boucler
l'enquête.

Kirk Harvey

Kirk Harvey était à la tête de la police d'Orphea au
moment du quadruple meurtre de 1994 ; il quitte
la ville précipitamment peu de temps après
l'affaire. Vingt ans plus tard, il est un « illuminé »
(p. 351) qui vit à Los Angeles et raconte à qui veut
l'entendre, et notamment aux apprentis acteurs,
qu'il écrit « la pièce de théâtre du siècle ». À la
demande du maire Brown, il revient à Orphea
pour aider à la résolution de l'enquête, mais surtout pour faire enfin jouer son chef-d'œuvre sur
les planches. Il est un personnage extravagant
qui participe au ressort comique du roman. Il
peut aussi se montrer menteur et duplice.

LES HABITANTS D'ORPHEA

Charlotte Brown

Ancienne petite amie de Kirk Harvey et autrefois
comédienne, Charlotte était la tête d'affiche de
la pièce *Oncle Vania* qui inaugurait le premier

festival de théâtre d'Orphea. Belle et souriante, elle est aujourd'hui l'épouse du maire Brown et travaille dans une clinique vétérinaire. Elle est rapidement impliquée dans l'enquête, car elle était absente du théâtre quelques minutes avant la représentation, au moment du meurtre de 1994.

Alan Brown

En sa qualité de maire de la ville, Alan Brown se trouve rapidement mêlé à l'enquête et fait de fréquentes apparitions dans le roman. Il se caractérise notamment par son animosité marquée à l'égard du capitaine Rosenberg contre lequel il s'acharne. Maire adjoint lors de l'affaire de 1994, il fut propulsé prématurément dans ses fonctions, bien que certains indices prouvent qu'il soit mêlé à la fuite organisée du maire Gordon empêchée par son meurtre.

Michaël Bird

Michaël est le rédacteur en chef de la revue *Orphea chronicle*, journal quotidien de la ville. Il a succédé à la tête de ce journal à Steven Bergdorf, lors du départ précipité de ce dernier peu de temps après les meurtres de 1994. Il est, en outre, le dernier employeur de Stephanie Mailer. Il se montre très volontaire durant l'enquête et va jusqu'à prêter ses locaux à l'équipe de policiers quand ceux-ci ne se sentent plus en sécurité au commissariat.

Miranda Bird

Femme de Michaël, leur différence d'âge est notable : elle est de plusieurs années sa cadette. Son passé est discrètement exhumé par les policiers lorsque ceux-ci découvrent qu'elle servait d'appât à Jeremiah Fold pour le recrutement de ses larbins. Elle se révèle, lors du dénouement, absolument ignorante des agissements passés et actuels de son époux.

Cody Illinois

Voisin et ami d'Anna, il est le premier à lui avoir manifesté de l'affection à son arrivée dans la ville. Il est libraire de métier et, avant son assassinat lors de la réouverture de l'enquête en 2014, est un soutien et un témoin précieux des histoires et mœurs de la ville en 1994 : il tenait déjà la librairie à cette époque et avait pour employée Meghan Padalin.

LES VICTIMES

Meghan Padalin

Premier personnage à apparaitre dans le roman, Meghan est d'abord considérée comme une victime collatérale du meurtre de 1994, un témoin gênant qu'il fallait éliminer. Il s'avère en réalité qu'elle était la cible principale.

Stephanie Mailer

Personnage éponyme, Stephanie ne fait pourtant qu'une brève apparition au début du récit lorsqu'elle vient à New York et éveille la curiosité de Jesse en lui révélant avoir décelé une erreur dans leur enquête de 1994. D'abord employée à la *Revue des lettres new-yorkaises*, elle travaille ensuite à l'*Orphea chronicle* avant d'être retrouvée noyée à proximité d'Orphea. Ce dernier élément confirmera aux policiers la nécessité de rouvrir le dossier de 1994.

Joseph Gordon

Assassiné à Orphea en 1994 avec toute sa famille, Gordon était alors maire de la ville. Lors de l'enquête de 2014, les policiers découvrent son implication dans des affaires de corruption qui donneraient un mobile solide à de nombreux habitants de la ville. Il est en fait une victime collatérale, témoin malheureux du meurtre de Meghan Padalin.

Natasha Darrinski

Natasha était la fiancée de Jesse et une cuisinière émérite sur le point de réaliser son rêve : ouvrir son propre restaurant. Elle meurt tragiquement lors de la poursuite policière engagée contre Ted Tennenbaum (suspect numéro 1 de l'enquête de 1994).

LA REVUE DES LETTRES NEW-YORKAISES

Steven Bergdorf

Le rédacteur en chef de la revue des *Lettres new-yorkaises* est lâche, hypocrite et faible. Il est pris dans une spirale amoureuse infernale avec sa jeune maîtresse Alice : il ne l'emmène à Orphea que dans l'intention première de l'assassiner pour s'en débarrasser. Mais il ne cesse de changer d'avis et révèle un caractère instable. Cette situation en fait un coupable idéal pour les meurtres de 1994 : il est violent, inconséquent, maladroit et rapidement dépassé par les évènements.

Alice Filmore

Capricieuse, imbue d'elle-même, persuadée d'être une auteure en devenir, ses intentions sont floues quant à Steven Bergdorf. Elle dit l'aimer, mais semble davantage l'utiliser : comme moyen d'obtention de possessions matérielles, ou comme vecteur de promotion professionnelle puisqu'elle le pense apte à élever son manuscrit au rang de best-seller.

Meta Ostrovski

Critique de métier, Ostrovski est employé par la *Revue* depuis plusieurs années. Il est extrêmement imbu de lui-même et de sa fonction, au point qu'il en devient caricatural. Néanmoins, son amour inconditionnel pour Meghan Padalin en fait un personnage attendrissant. Il est par ailleurs le commanditaire du livre de Stephanie.

LA FAMILLE EDEN

Dakota Eden

Dakota est une jeune fille de 19 ans, notoirement dépressive, et dont la vie s'effrite à grand renfort de stupéfiants. Dramaturge née, elle n'écrit pourtant plus depuis qu'elle a poussé l'une de ses camarades au suicide un an auparavant.

Jerry Eden

Multimillionnaire, Jerry est le directeur général de la célèbre chaine Channel 14 et accessoirement le père de Dakota. Pour sauver sa fille du naufrage, il décide de l'emmener se ressourcer à Orphea pendant les évènements du récit.

Tara Scalini

Tara est l'amie d'enfance de Dakota et s'était éprise d'elle à l'adolescence. Humiliée par cette dernière après lui avoir avoué son amour, elle finit par être retrouvée pendue dans sa chambre.

CLÉS DE LECTURE

UN ROMAN GIGOGNE

Multiplication des points de vue

Formellement, *La disparition de Stephanie Mailer* est un roman à tiroirs, c'est-à-dire que le récit principal est agrémenté de récits annexes enchâssés qui constituent autant de rétrospectives que de narrations différentes. En effet, si l'on observe le découpage du roman, un certain mécanisme peut être mis en évidence : chaque nouveau chapitre est surplombé du nom du protagoniste prêtant son point de vue au récit qui va suivre. Pour clarifier au mieux la narration, trois personnages narrateurs sont récurrents : Jesse, Derek et Anna. Le point de vue de Jesse est d'ailleurs le plus représenté, ce qui contribue à en faire le héros du roman ; qui plus est, chacun de ses chapitres est porteur d'une information supplémentaire : un compte à rebours avant la première journée du festival.

Mais il est également possible de suivre le récit à la première personne de Steven, Jerry, Dakota ou encore Meghan. Pour autant, la structure reste claire, les points de vue se font écho et certains apportent des réponses à des questions précédemment énoncées par d'autres personnages : comme c'est le cas par exemple du chapitre de Dakota (p. 436) qui se propose de prendre la suite du chapitre de Jerry et de révéler pourquoi « tout a basculé » (p. 332).

Multiples rétrospectives

Là où Jesse raconte à la première personne le temps du récit, celui de l'enquête de 2014, les narrations d'Anna et Derek sont ancrées dans un espace-temps spécifique : Derek évoque l'enquête de 1994 menée avec Jesse, tandis qu'Anna relate sa vie new-yorkaise puis son déménagement à Orphea entre 2010 et 2014. Enchâssées dans ces extraits à la première personne se trouvent également des rétrospectives à la troisième personne qui se proposent de revenir sur un point précis le plus souvent vécu par des protagonistes à présent décédés. Mais chaque récit semble tendre vers un seul et même point de sublimation que suggère d'ailleurs le compte à rebours des chapitres (-7, -6, -5, etc.) : « 0 Le soir de la première » (p. 469). C'est d'ailleurs à ce moment que se rejoignent les points d'orgue des trois récits principaux de Jesse, Anna et Derek, chacun engagé avec la mention suivante : « Samedi 26 juillet 2014 [...] Le jour où tout bascula. » (p. 471), « Vendredi 21 septembre 2012. Le jour où tout bascula. » (p. 479), « Jeudi 13 octobre 1994. Le jour où tout bascula » (p. 483).

Cette multiplication des ficelles narratives confère au roman un rythme rapide et enlevé que viennent agrémenter de nombreux dialogues, pour lui insuffler une dimension toujours plus cinématographique et multiforme : en effet, ces souvenirs survenant juste après un dialogue avec un témoin, ou après une information qu'un personnage a tu en raison de sa gêne, ont tout des *flashbacks* hollywoodiens.

UNE RÉFLEXION SUR L'ÉCRITURE

Écriture multiforme

Le roman, sous ses allures de scénario, produit plusieurs genres qui s'entrecroisent et s'interpénètrent. On distinguera notamment trois genres distincts, car ils ont des exigences d'écriture formelles : le roman bien sûr, mais aussi le théâtre et le journal intime. Ce dernier est notamment représenté par les extraits du journal de Meghan Padalin (p. 558 à 560) qui viennent dynamiser l'écriture et le récit. Pour autant, l'exercice est intéressant, car ces extraits, bien qu'écrits à la première personne, n'utilisent pas les mêmes ressorts énonciatifs que les récits d'Anna par exemple. Ces derniers se donnent à lire comme si Anna les adressait à un lecteur ignorant : ils prennent le temps d'expliquer, de détailler, de contextualiser, en somme de narrer. Au contraire, Les journaux de Meghan sont livrés tels quels, entièrement introspectifs, comme pour projeter le lecteur dans le rôle de l'enquêteur. Ils ne s'embarrassent pas d'explications et restent autocentrés, comme le montre cette déclaration en ouverture des carnets : « Bonne année à moi. » (p. 558).

Quant au théâtre, il est très présent : il se donne à lire, à voir et constitue un décor dont le roman lui-même serait la scène. C'est pourquoi le récit s'ouvre sur une description de la mise en place du nouvel évènement d'Orphea qui « ce soir-là [...] inaugurait son tout premier festival de théâtre »

(p. 9), comme une didascalie contextualiserait la scène du drame à venir. Pour corroborer cette idée, il est intéressant d'observer que les éditions De Fallois ont d'ailleurs proposé une « Liste des personnages principaux », consultable en page 637, qui n'est pas sans rappeler cette mention obligatoire dans chaque édition de théâtre. La pièce de Kirk Harvey arrive donc dans le récit comme une pièce dans la pièce et introduit tout un vocabulaire et un univers dramatique qui vient renforcer cette thématique. Enfin, la pièce *Oncle Vania* est fréquemment citée (car elle était la première pièce produite lors du festival de 1994) et a vocation à servir de référence littéraire à l'auteur ou bien d'hommage.

ONCLE VANIA

Écrite pas Tchekhov en 1897, *Oncle Vania* aura plus de succès que ne l'avait initialement pressenti le dramaturge. La pièce met en scène des personnages usés par la vie, le plus souvent désabusés, et qui passent à côté des uns et des autres et des potentiels bonheurs qui pourraient résulter de leurs rencontres. *Oncle Vania* est une réécriture d'une autre pièce de Tchekhov écrite en

1890 : *L'Homme des bois*, qui était initialement une comédie, et qui fut très mal
accueillie par la critique : sa transformation
la dramatisera considérablement.

Mise en abyme de l'écriture du livre

Ce phénomène d'interpénétration entre le livre
écrit apparaissant dans le livre lu est un thème
déjà développé par Joël Dicker. Dans *La Vérité
sur l'affaire Harry Quebert*, son héros (Marcus
Goldman) est un écrivain cherchant l'inspiration pour son second roman : il finit par écrire
l'aventure qu'il est en train de vivre. Ici, nos héros
découvrent que « Stephanie consacrait un livre
entier à l'affaire » (p. 114) qu'elle a intitulé « Non-
coupable » ; qui plus est, il est « écrit de façon
passionnante » (p. 115).

Le mystérieux commanditaire du livre de
Stephanie (nous l'apprenons plus tard, il s'agit
du critique Meta Ostrovski), lui promet l'écriture
d'un « merveilleux roman policier » (p. 115) du-
quel les lecteurs « se régaleront » (p. 115) : autant
d'articles élogieux pour le roman que nous avons
entre les mains et qui propose la même intrigue !

Du reste, le personnage du critique est intéressant : ses fonctions sont très souvent analysées et mises en opposition à « [l'] art mineur » (p. 133) qu'est l'écriture. Ostrovski se déclare lui-même « police de la vérité intellectuelle » (p. 133). Joël Dicker caricature cette profession en dénonçant les pratiques arbitraires de son personnage qui écrit des critiques assassines sans même avoir ouvert les livres (p. 135). Lorsqu'Ostrovski devient acteur de la pièce, il subit une sorte de métamorphose et gagne en humilité, comme si l'auteur à l'instar de la vengeance de Kirk contre Ostrovski (il le ridiculise dans sa pièce), s'était lui aussi vengé de l'image du critique.

LES RESSORTS DU COMIQUE

Comique de caractère

Meta Ostrovski, via cette transformation, devient un personnage de théâtre vecteur de comique ; pourtant il portait déjà en lui les germes de cet état : lorsqu'il est investi de son rôle de critique, il n'est qu'exagération et caricature, « un homme important » (p. 133) ou encore, « Dieu, mais en mieux » (p. 136) sont ses propres mots pour se définir. L'emploi fréquent du discours indirect libre (page 132 et page 133) contribue à en faire un personnage détestable, mais cocasse. Par ailleurs, sa présence est toujours remarquée, en témoignent ses efforts à cet effet : il ne parle pas, mais « beugle » (p. 133), « gueul[e] » (p. 337) ou même « hurl[e] comme un damné d'une voix trop aiguë » (p. 338).

À son instar, Gulliver « braill[e] » (p. 337) et se ridiculise durant les représentations où il tient un « carcajou empaillé » (p.398), vêtu d'un slip et effectue une roulade sur scène que nous imaginons effectivement sans mal « pitoyable » (p. 398) compte tenu de l'apparence du chef de la police dont l'embonpoint n'a d'égale que la sottise. Comme le montre la réponse terre-à-terre qu'il donne à l'énigme d'Anna (« Je veux écrire, mais je ne peux pas écrire. Qui suis-je ? (p. 334) : « Réponse : Un manchot » (p. 335).

Comique de mots et de gestes

Quant à Kirk Harvey, il est intrinsèquement un personnage de théâtre : sa mécanique s'appuie sur le langage oral et corporel, il n'est fait que de grandiloquences et de gesticulations. En témoignent d'ailleurs sa première représentation intitulée *Moi, Kirk Harvey* où il s'estime apte à être à la fois metteur en scène, auteur et acteur d'une pièce monologuée dont il est l'unique protagoniste. Cette dissonance entre ses ambitions, l'estime qu'il a de lui-même et les impressions qu'il fait à son entourage crée un décalage notoire, et ce décalage est un incubateur de comique. Qui plus est, les substantifs qui le caractérisent tour à tour de « cinglé » (p. 269), « blague ambulante » (p. 316) ou encore « vieux fou » de son propre aveu (p. 350) contribuent à en dresser une image haute en couleur et chargée de bouffonnerie. Les pensées mêmes de Kirk traduisent son penchant pour l'exagération et l'emphase : quand il jubile intérieurement « Ô gloire chérie, si longtemps convoitée, te voilà enfin ! » (p. 338), on peut noter l'emploi du point d'exclamation (qui ponctuent le plus souvent ses phrases) ou encore l'« Ô » lyrique, propre au poétique ou à la tragédie ici parodiés.

Car ces personnages constituent également une entrée dans le comique via leur usage lexical. Kirk, par exemple, n'hésite pas à qualifier ses détracteurs et autres opposants de patronymes fleuris : les insultes telles que « Poison ! »,

« Batracien ! » ou encore « ramassis de bile gastrique » (p. 262) viennent teinter les dialogues d'une dimension burlesque. De même que des interjections comme « Bigre » (p. 212), ou encore « Pfft ! » (p. 213) entrent en dissonance avec une narration d'ordinaire lissée. La transformation du nom de « Rosenberg » en « Leonberg » (p. 213) fait office de comparaison entre le policier et l'énorme chien aux allures pataudes dont la race porte ce nom.

DES EMPRUNTS SYMBOLIQUES

Orphea et la descente aux enfers

Ce superstrat burlesque, ancré dans le concret, cohabite avec un substrat symbolique touchant à la métaphysique et passant notamment par les noms et la superposition d'un univers mythologique à l'univers du polar. « Orphea » pour commencer, ne renie pas son lien avec Orphée, dont le mythe est un des plus poignants de la Grèce antique. Du reste, Ted Tennenbaum semble être conscient de ce parallèle, car il nomme son café Athena, en référence à la déesse grecque de la guerre et du savoir. Et quand bien même la narration ne s'attarde pas sur ce point, il n'a rien

d'un hasard ; la filiation grecque est bien reven-
diquée puisque la camionnette de Ted arbore la
chouette, oiseau fétiche de la déesse, un détail
qui le perdra d'ailleurs.

Cet écho mythologique est corroboré par
l'énigme « digne du Sphinx de Thèbes » (p. 334)
qu'Anna inscrit sur le tableau magnétique
lorsque les enquêteurs s'interrogent sur l'identité du mystérieux commanditaire du livre de
Stephanie : « Je veux écrire, mais je ne peux pas
écrire. Qui suis-je ? » (p. 334).

LE MYTHE D'ŒDIPE

La figure du Sphinx, créature ailée au corps
de lionne et tête de femme, fait partie du
mythe d'Œdipe, héros tragique condamné à
tuer son père et épouser sa mère. Arrivant
aux portes de la ville de Thèbes, Œdipe
se retrouve face au monstre qui terrorise
la cité, dévorant quiconque échoue à la
résolution de ses énigmes. Voici celle qu'il
propose à Œdipe : « Quel est l'animal qui
le matin à quatre pattes, à midi deux, et le
soir trois, et qui est d'autant plus lent et
vulnérable qu'il n'a de jambes ? »

La réponse à cette célèbre devinette est « l'homme » qui rampe à quatre pattes quand il est enfant, se tient sur ses deux jambes à l'âge adulte et qui, en vieillissant, s'aide d'une canne pour marcher. Le Sphinx, vaincu par Œdipe se précipite du haut d'une falaise et le héros entre dans Thèbes désormais libérée de la créature.

Résonances bibliques et croyances médiévales

En outre, si « mail » désigne l'action d'envoyer, « mailer » serait une forme substantivée signifiant le « messager », ce parallèle liant Stephanie à la figure du dieu Hermès. Le messager est une figure récurrente des mythologies et trouve également des résonances dans la religion catholique où les prophètes et apôtres sont garants de la parole de Dieu. Et cette parole divine, c'est celle de Stephanie venue asséner une « vérité » (p. 19) à Jesse au présent de vérité générale : « Vous n'avez pas résolu cette affaire, capitaine. » (p. 19). La journaliste sera d'ailleurs assassinée : à son instar, le plus souvent dans la Bible, les messagers sont des visionnaires incompris voués à finir en martyr. Et parmi eux, on notera notamment « Jeremiah », nom porté par l'une des victimes de l'année 1994 et qui vient faire écho à la précédente thèse. Enfin, avant le suicide de Tara, la famille Eden coule des jours heureux au « Jardin d'Eden » (p. 436), le nom de leur résidence d'été. Ce jeu de mots implique à la fois leur propre nom de famille et une référence biblique au jardin merveilleux de la Genèse. Mais tout jardin d'Eden suggère la faute puis la chute : Tara poussée au suicide par Dakota, puis la lente descente aux enfers de cette dernière.

Enfer qui s'incarne dans la pièce de théâtre *La Nuit noire*, écrite par Kirk Harvey, dont le titre même se teinte d'une symbolique d'apocalypse. L'ancien chef de la police use d'ailleurs de cette dimension pour en faire la promotion en 1993 et 1994 : il inscrit des messages apocalyptiques sur les murs (« *La Nuit noire va bientôt débuter* » [p. 162]) et crée ainsi une véritable rumeur de fin du monde chuchotée craintivement par tous les habitants d'Orphea. Qui plus est, au moment où Alice fait pénétrer un journaliste dans la salle de répétition, elle le met en garde en le corrigeant : ce n'est pas une « porte de théâtre », c'est « la porte de l'Enfer » (p. 451). Enfin, le texte en latin prononcé par Meta Ostrovski dans la pièce (« *Dies irae, dies illa,//solvet saeclum in favilla* ! ») est extrait d'un poème médiéval d'inspiration apocalyptique. Car les dernières références symboliques sont des échos au Moyen Âge ; le personnage de Kirk endosse ainsi le rôle du fou médiéval : respecté, car porteur de vérité.

PISTES DE RÉFLEXION

QUELQUES QUESTIONS POUR APPROFONDIR SA RÉFLEXION...

- Le roman présente la particularité de commencer au chapitre 7. Expliquez cette caractéristique et son intérêt pour la construction du récit.
- Page 270, un détail nous permet déjà d'entrevoir qui est la véritable victime du 30 juillet 1994. Quel est-il ?
- Comment Kirk Harvey fait-il la promotion de sa pièce pour le premier festival de théâtre d'Orphea ? De quelle clé de lecture cela peut-il être rapproché ?
- On retrouve le champ lexical du théâtre tout au long du roman ; relevez huit termes ayant trait à cet univers.
- Excepté le journal intime et le théâtre, quelles autres formes d'écriture le roman met-il en scène ?
- Observer le passage allant de la page 489 à 499. Quels types de comique sont mis en place

dans ce chapitre et quels personnages en sont les vecteurs ?

- De quel pays Natasha est-elle originaire ? Quels sont les différents éléments qui permettent de l'affirmer ?
- Selon vous, quel est l'intérêt pour le romancier de faire intervenir dans son polar des personnages comme Dakota et Jerry ?

Votre avis nous intéresse !
Laissez un commentaire sur le site de votre librairie en ligne
et partagez vos coups de cœur sur les réseaux sociaux !

POUR ALLER PLUS LOIN

ÉDITION DE RÉFÉRENCE

- *La disparition de Stephanie Mailer*, Paris, Éditions de Fallois, 2018.

ÉTUDES DE RÉFÉRENCE

- *Atlas de la mythologie*, Paris, Éditions Glénat, 2003. »
- KOUTCHOUMOFF L., « Joël Dicker, Genevois, 27 ans, rêvait d'écrire un grand roman américain. Il l'a fait », in *Le Temps*, 15 septembre 2012. Consulté le 18 octobre 2018.
- Site officiel de Joël Dicker, « Biographie », in JoelDicker. Consulté le 18 octobre 2018. https://joeldicker.com/biographie/

SUR LEPETITLITTÉRAIRE.FR

- Fiche de lecture sur *Le Livre des Baltimore* de Joël Dicker.
- Fiche de lecture sur *La Vérité sur l'affaire Harry Quebert* de Joël Dicker.

Retrouvez notre offre complète sur lePetitLittéraire.fr

- des fiches de lectures
- des commentaires littéraires
- des questionnaires de lecture
- des résumés

ANOUILH
- Antigone

AUSTEN
- Orgueil et Préjugés

BALZAC
- Eugénie Grandet
- Le Père Goriot
- Illusions perdues

BARJAVEL
- La Nuit des temps

BEAUMARCHAIS
- Le Mariage de Figaro

BECKETT
- En attendant Godot

BRETON
- Nadja

CAMUS
- La Peste
- Les Justes
- L'Étranger

CARRÈRE
- Limonov

CÉLINE
- Voyage au bout de la nuit

CERVANTÈS
- Don Quichotte de la Manche

CHATEAUBRIAND
- Mémoires d'outre-tombe

CHODERLOS DE LACLOS
- Les Liaisons dangereuses

CHRÉTIEN DE TROYES
- Yvain ou le Chevalier au lion

CHRISTIE
- Dix Petits Nègres

CLAUDEL
- La Petite Fille de Monsieur Linh
- Le Rapport de Brodeck

COELHO
- L'Alchimiste

CONAN DOYLE
- Le Chien des Baskerville

DAI SIJIE
- Balzac et la Petite Tailleuse chinoise

DE GAULLE
- Mémoires de guerre III. Le Salut. 1944-1946

DE VIGAN
- No et moi

DICKER
- La Vérité sur l'affaire Harry Quebert

DIDEROT
- Supplément au Voyage de Bougainville

DUMAS
- Les Trois
  Mousquetaires

ÉNARD
- Parlez-leur
  de batailles,
  de rois et
  d'éléphants

FERRARI
- Le Sermon sur la
  chute de Rome

FLAUBERT
- Madame Bovary

FRANK
- Journal
  d'Anne Frank

FRED VARGAS
- Pars vite et
  reviens tard

GARY
- La Vie devant soi

GAUDÉ
- La Mort du
  roi Tsongor
- Le Soleil des
  Scorta

GAUTIER
- La Morte
  amoureuse
- Le Capitaine
  Fracasse

GAVALDA
- 35 kilos d'espoir

GIDE
- Les
  Faux-Monnayeurs

GIONO
- Le Grand
  Troupeau
- Le Hussard
  sur le toit

GIRAUDOUX
- La guerre de
  Troie
  n'aura pas lieu

GOLDING
- Sa Majesté des
  Mouches

GRIMBERT
- Un secret

HEMINGWAY
- Le Vieil Homme
  et la Mer

HESSEL
- Indignez-vous !

HOMÈRE
- L'Odyssée

HUGO
- Le Dernier Jour
  d'un condamné
- Les Misérables
- Notre-Dame
  de Paris

HUXLEY
- Le Meilleur
  des mondes

IONESCO
- Rhinocéros
- La Cantatrice
  chauve

JARY
- Ubu roi

JENNI
- L'Art français
  de la guerre

JOFFO
- Un sac de billes

KAFKA
- La Métamorphose

KEROUAC
- Sur la route

KESSEL
- Le Lion

LARSSON
- Millenium I. Les
  hommes qui
  n'aimaient pas
  les femmes

LE CLÉZIO
- Mondo

LEVI
- Si c'est un
  homme

LEVY
- Et si c'était vrai…

MAALOUF
- Léon l'Africain

MALRAUX
- La Condition humaine

MARIVAUX
- La Double Inconstance
- Le Jeu de l'amour et du hasard

MARTINEZ
- Du domaine des murmures

MAUPASSANT
- Boule de suif
- Le Horla
- Une vie

MAURIAC
- Le Nœud de vipères

MAURIAC
- Le Sagouin

MÉRIMÉE
- Tamango
- Colomba

MERLE
- La mort est mon métier

MOLIÈRE
- Le Misanthrope
- L'Avare
- Le Bourgeois gentilhomme

MONTAIGNE
- Essais

MORPURGO
- Le Roi Arthur

MUSSET
- Lorenzaccio

MUSSO
- Que serais-je sans toi ?

NOTHOMB
- Stupeur et Tremblements

ORWELL
- La Ferme des animaux
- 1984

PAGNOL
- La Gloire de mon père

PANCOL
- Les Yeux jaunes des crocodiles

PASCAL
- Pensées

PENNAC
- Au bonheur des ogres

POE
- La Chute de la maison Usher

PROUST
- Du côté de chez Swann

QUENEAU
- Zazie dans le métro

QUIGNARD
- Tous les matins du monde

RABELAIS
- Gargantua

RACINE
- Andromaque
- Britannicus
- Phèdre

ROUSSEAU
- Confessions

ROSTAND
- Cyrano de Bergerac

ROWLING
- Harry Potter à l'école des sorciers

SAINT-EXUPÉRY
- Le Petit Prince
- Vol de nuit

SARTRE
- Huis clos
- La Nausée
- Les Mouches

SCHLINK
- Le Liseur

SCHMITT
- La Part de l'autre
- Oscar et la
  Dame rose

SEPULVEDA
- Le Vieux qui
  lisait des romans
  d'amour

SHAKESPEARE
- Roméo et Juliette

SIMENON
- Le Chien jaune

STEEMAN
- L'Assassin
  habite au 21

STEINBECK
- Des souris et
  des hommes

STENDHAL
- Le Rouge et
  le Noir

STEVENSON
- L'Île au trésor

SÜSKIND
- Le Parfum

TOLSTOÏ
- Anna Karénine

TOURNIER
- Vendredi ou
  la Vie sauvage

TOUSSAINT
- Fuir

UHLMAN
- L'Ami retrouvé

VERNE
- Le Tour
  du monde
  en 80 jours
- Vingt mille
  lieues sous
  les mers
- Voyage au
  centre de
  la terre

VIAN
- L'Écume des jours

VOLTAIRE
- Candide

WELLS
- La Guerre des
  mondes

YOURCENAR
- Mémoires
  d'Hadrien

ZOLA
- Au bonheur
  des dames
- L'Assommoir
- Germinal

ZWEIG
- Le Joueur
  d'échecs

ISBN version numérique : 9782808014427
ISBN version papier : 9782808014434
Dépôt légal : D/2018/12603/481

Conception numérique : Primento,
le partenaire numérique des éditeurs.

Ce titre a été réalisé avec le soutien de la Fédération Wallonie-Bruxelles, Service général des Lettres et du Livre.